✝

A LA MÉMOIRE

DE

TRÈS-HONORABLE

CHARLES-LOUIS TERRAY

VICOMTE DE MOREL-VINDÉ

Conseiller honoraire à la Cour Impériale de Paris

Chevalier de la Légion-d'Honneur

Décédé en son Hôtel, à Paris, boulevard de la Madeleine, N° 17

Le 15 Février 1866.

***

NOGENT-SUR-SEINE

IMPRIMERIE, LITHOGRAPHIE ET LIBRAIRIE DE FAVEROT.

✝

A LA MÉMOIRE

DE

TRÈS-HONORABLE

CHARLES-LOUIS TERRAY

VICOMTE DE MOREL-VINDÉ

Conseiller honoraire à la Cour Impériale de Paris

Chevalier de la Légion-d'Honneur

Décédé en son Hôtel, à Paris, boulevard de la Madeleine, N° 17

Le 15 Février 1866.

Extrait du Journal LA FRANCE, *du 12 Mars :*

Le 17 février dernier, une foule silencieuse et attristée se pressait dans l'église de la Madeleine autour d'un catafalque ; des magistrats de la Cour impériale, en robe noire, accompagnaient un cercueil recouvert de la toge rouge des audiences solennelles : c'étaient ses anciens confrères et ses nombreux amis qui venaient donner à Charles-Louis Terray vicomte de Morel-Vindé, un dernier témoignage d'estime, d'attachement et de regrets.

Celui que toute cette assistance pleurait, avait eu le rare privilége de commencer fort jeune, à la Cour impériale, par élection, sa carrière judiciaire ; à peine âgé de vingt-trois ans, les honorables suffrages des membres de cette compagnie l'avaient désigné pour faire partie de ses conseillers-auditeurs. C'est dans cette pépinière de jeunes magistrats, qui a fourni à la Cour elle-même des présidents si remarquables, à la Cour de cassation des conseillers si expérimentés, que Terray de Morel-Vindé passa de nombreuses années. Sa haute capacité et ses services multiples auraient dû en diminuer le nombre. Le premier président Séguier, en parlant de ce conseiller-auditeur avec cette franchise d'expression qui était dans sa nature, disait : « Ce jeune magistrat est bon à tout ! »

En effet, les fonctions du ministère public, soit auprès des chambres civiles, soit auprès de la chambre des mises en accusation, furent remplies avec distinction par le conseiller-auditeur, en attendant l'âge où sa voix pût concourir à la formation d'un arrêt.

Chargé alors de diverses instructions dans des affaires politiques, son caractère ferme et indépendant eut de nombreuses occasions de se manifester; présenté en 1830, par ses chefs hiérarchiques, pour devenir conseiller, sa nomination ne parut point au *Moniteur*, bien que cette présentation eût été agréée par le mi-

nistre de la justice; il en fut de même une seconde fois
en 1831. Ce ne fut qu'en 1844 qu'il obtint la plénitude
des fonctions à la hauteur desquelles pourtant il s'était
si bien montré depuis longtemps.

Une connaissance profonde des lois, une judiciaire
prompte et sûre permettaient au conseiller Terray de
former son opinion dans les questions les plus contro-
versées de droit civil, commercial, criminel, interna-
tional. Les jurisprudences étrangères lui étaient fami-
lières, et la science de l'économie politique ne lui fai-
sait pas non plus défaut : aussi fut-il pendant longtemps attaché à la chambre des mises en accusation,
où dans les affaires graves il fut souvent désigné pour
compléter ou refaire des instructions jugées insuffi-
santes. Les registres de cette Chambre sont remplis
d'importants arrêts rédigés par ce magistrat; le président lui livrait avec confiance le rapport des affaires
difficiles.

Charles-Louis Terray, né à Paris le 2 juillet 1802,
était fils de Claude-Hippolyte Terray, ancien préfet, et
de Claire-Marie de Morel-Vindé. Son grand-père, in-
tendant général de la ville de Lyon, et sa grand'mère,
sœur du premier président de Grosbois au parlement
de Besançon, ont péri tous deux sur l'échafaud révo-
lutionnaire, en 1793. Son arrière-grand-père, procu-
reur général à la Cour des aides, était le frère de l'abbé
Terray, contrôleur général des finances. La mère de
Charles-Louis Terray appartenait à la famille noble de
Morel-Vindé, fort ancienne en Cacubrésis. Ce fut
à un des représentants de cette noble famille, qu'en
1495, Charles VIII accorda la faveur d'insérer une
fleur de lis dans son blason, pour reconnaître son hé-

roïque conduite à la bataille de Fornoue, où il eut la bonne chance de sauver la vie du roi.

Plus tard, en 1657, l'aigle à une tête et au vol abaissé des ducs de Mantoue, vint s'ajouter à la fleur de lis royale, et l'un des fiefs de la lignée de Morel-Vindé fut érigé en vicomté.

Le grand-père maternel du magistrat dont nous rappelons succinctement la carrière et les origines, était Charles Gilbert, vicomte de Morel-Vindé, conseiller au Parlement de Paris. Son amour des progrès de l'agriculture l'avait plus tard fait inscrire dans la section d'économie rurale de l'Académie des sciences; un des premiers, il propagea en France la race des moutons mérinos, et la culture des prairies artificielles. Investi de la pairie par Louis XVIII, dès 1815, l'ancien conseiller au Parlement, devenu académicien, obtint de ce monarque, le 1er mars 1819, la faculté de transmettre cette haute dignité à son petit-fils, bien digne de recueillir cet héritage privilégié par la similitude de sa carrière judiciaire et de ses goûts scientifiques.

Les premières atteintes de l'affection morbide à laquelle Charles-Louis Terray vient de succomber, remontent déjà à une date éloignée. Par un sentiment de vive tendresse envers les siens, il en dissimula jusqu'aux derniers moments les alarmants symptômes, et il est très-probable que le motif qui lui fit désirer de remplacer par le repos sa vie laborieuse de magistrat, fut les souffrances mêmes qu'il supportait avec une incroyable énergie; par une démission volontaire, il déposa sa toge le 18 décembre 1862. Les magistrats de la Cour impériale ne voulurent pas que tout lien fût à jamais rompu entre eux et un collègue dont, pendant si longues années, ils avaient apprécié la profondeur du savoir, le charme des relations, la sincérité des sentiments, et il fut décidé que son nom resterait inscrit comme conseiller honoraire sur les registres de la compagnie.

Un repos absolu ne pouvait convenir à un esprit aussi actif; malgré les occupations forcées que l'administration d'une grande fortune immobilière impose, Charles-Louis Terray se livra plus largement à ses goûts pour les expériences agricoles, la culture intensive des céréales, la production du lin, l'observation des effets de divers engrais, notamment des chiffons de laine, tour à tour remplirent ses loisirs, et on peut dire qu'il transforma son important faire-valoir de Seine-et-Oise en un laboratoire expérimental, tout comme il fit de son domaine de Champagne une école forestière, destinés l'un et l'autre à l'instruction des populations de ces deux contrées.

Son ardent amour du bien public lui fit prendre une part très-active aux études des tracés des voies ferrées destinées à relier la Champagne à l'Orléanais. La rédaction d'un remarquable mémoire à consulter pour l'adoption de la ligne préférable, lui valut la présidence de la commission instituée à Sézanne pour discuter ce choix important.

Charles-Louis Terray s'était marié, en 1839, à Mlle Louisa Rouen des Mallets, fille de l'ancien préfet de ce nom, aujourd'hui doyen des préfets du premier empire, sœur de M. le baron Forth-Rouen, notre ambassadeur actuel en Saxe.

De cette union, constamment heureuse pendant

vingt-six années, deux filles sont nées : Denise et
Jeanne; l'aînée a épousé son cousin germain, le vicomte Carles de Narcillac, capitaine commandant au
8ᵉ lanciers (1).

Charles-Louis Terray, vicomte de Morel-Vindé,
époux dévoué, père tendre, gendre respectueux, frère
affectionné, laisse, par une mort qu'on ne pouvait croire
si voisine, tous les siens dans la plus profonde douleur;
homme de cœur, d'esprit et de savoir; magistrat in-
tègre, agriculteur progressif, ami sûr, riche charitable.
chrétien plein de foi, son souvenir restera gravé dans
la mémoire de tous ceux qui ont eu l'avantage de le
connaître. Puissent des regrets si unanimes venir en
aide à sa famille désolée, et ajouter encore à l'honneur
de son nom!

Son ancien confrère et constant ami,

Baron SÉGUIER.

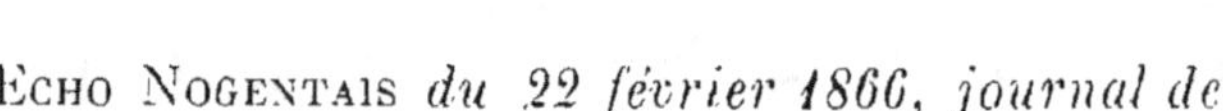

ÉCHO NOGENTAIS *du 22 février 1866, journal de
Nogent-sur-Seine (Aube).*

Une perte douloureuse vient de frapper une des plus
honorables familles de notre contrée.

Un homme respectable, à la foi antique, à l'inva-
riable dévouement, digne fils de son vénérable père,
vient de succomber à une cruelle maladie; il suffit de
prononcer son nom pour que tous les amis de la reli-

gion et du bien, comprennent à quel titre nous devons un triste et dernier hommage à cette douce mémoire.

M. le vicomte Terray de Morel-Vindé, conseiller honoraire à la Cour impériale de Paris, chevalier de la Légion-d'Honneur, atteint, depuis plusieurs années, d'une maladie qui ne pardonne pas, a vu son état s'aggraver presque subitement ; les consolations de la religion, les soins empressés, la pieuse sollicitude des siens, ont adouci ses derniers moments, mais n'ont pu retarder le terme fatal, et dans la nuit de mercredi à jeudi 15 de ce mois, après avoir reçu les derniers sacrements, en pleine connaissance et avec les sentiments d'une foi vive, cet homme si bon, si doux, ce chef de famille si vénérable et si vénéré, a rendu son âme à Dieu.

Fidèle aux traditions de foi et de charité de son vénérable père, la mémoire de M. Terray vivra longtemps dans le cœur de ses amis et des pauvres, et nous ajouterons que les habitants particulièrement de La Motte-Tilly (2), de Nogent et de Courceroy s'associeront à une douleur amère et profonde, et que des sympathies affectueuses et reconnaissantes répondront aux larmes de son honorable famille. Puisse cette noble vie être pour tous ceux qui l'ont connu, un enseignement et un exemple! Puisse le souvenir de tant de vertus donner à l'admirable femme qui partagea sa vie et ses bonnes œuvres, à ses chers enfants et à ses amis, la force de supporter tant de douleurs !

L'espérance de M. Terray *était pleine d'immortalité*, sa vie et sa fin si chrétiennes, nous donnent l'espoir que Dieu a usé envers lui de la miséricorde promise à la pratique persévérante du bien. Acceptons cette pensée comme une consolation, restons fidèles à sa mémoire, et tâchons de nous inspirer de son exemple!

L'Abbé BOUTELOU,

Chanoine honoraire de Troyes, Chapelain du château de La Motte-Tilly.

NOTES HISTORIQUES.

(1) Le vicomte Carles de Narcillac tire son origine d'une ancienne maison du Poitou, qui compte dans ses illustrations un grand chancelier de Prusse, ministre d'Etat du roi Frédéric-le-Grand, en 1755; un contre-amiral, des mousquetaires du roi, des chevaliers de Saint-Louis et des capitaines morts sur les champs de bataille. Il descend, par sa grand'mère la baronne de Narcillac, née de la Briffe, d'un prédécesseur de l'abbé Terray, au ministère des finances, Clément-Charles-François de Laverdy, marquis de Gambaye, seigneur des places fortes de Houdan, Neuville et Bourdonné, contrôleur général des finances et ministre d'Etat du roi Louis XV.

M. de Laverdy avait eu trois filles, la marquise de la Briffe, la comtesse de Sesmaisons, et la marquise de Belbeuf. Il est bon d'observer que, si les vues de ces deux ministres d'une même époque étaient fort différentes sur la politique générale et sur l'administration des finances, cette divergence d'opinions n'empêcha pas leurs descendances de multiplier les alliances entre

elles; nous voyons en effet que six petits-fils de M. de
Laverdy, le marquis de Belbeuf, le comte Olivier de
Sesmaisons, le comte de Narcillac et son fils le vicomte
de Narcillac, le marquis de la Brifle et le comte Henri
de Latourdupin-Chambly de la Charce, ont épousé
six nièces de l'abbé Terray, savoir : les quatre premiers, quatre demoiselles Terray ; le cinquième, Mlle
Agathe de Narcillac, fille de la comtesse de Narcillac,
née Terray, et le sixième, Mlle Jeanne d'Harcourt, pe-
tite-fille de Mme la duchesse d'Harcourt, née Terray.

(2) Le château de La Motte-Tilly, propriété de
M. Terray, vicomte de Morel-Vindé, est situé à six kilomètres (ouest) de Nogent-sur-Seine (Aube); il de-
vient aujourd'hui la propriété de ses enfants.

La seigneurie de La Motte-Tilly eut plusieurs pro-
priétaires avant d'appartenir à l'abbé Terray ; sans
pouvoir remonter plus haut, nous savons qu'en 1554
la seigneurie de La Motte-Tilly appartenait à Charlotte
de Dinteville, dame de La Motte-Tilly, tante de Fran-
çois de Bethune, baron de Rosny, père du duc de
Sully ; elle épousa Louis Raguier, seigneur d'Esternay
(Marne).

« Mons d'Esternay leur fils a esté un homme fort
» esloigné des vertus de ses père et mère en tout, et
» pour le combler de tous maux, estait hérétique lu-
» thérien. »   *(Mémoires de* C. HATON.*)*

Au XVIIe siècle, la seigneurie de La Motte-Tilly appartenait à la famille d'Elbène ; en 1643, Marguerite
d'Elbène, dame de La Motte-Tilly, fonda une chapellenie pour elle et ses successeurs ; cette chapellenie

existe encore, et, depuis la Révolution, sa conservation est due à la piété des divers membres de l'honorable famille Terray.

Après la famille d'Elbène, nous trouvons la famille de Noailles en possession de la seigneurie de La Motte-Tilly.

Au xviiie siècle, la seigneurie de La Motte-Tilly appartenait à l'abbé Terray, ministre d'Etat, sous les rois Louis XV et Louis XVI.

L'abbé Terray naquit à Boën, dans le Forez, en 1715. Son père avait été fermier général. Un oncle très-riche, le fit entrer au collége de Juilly, où il termina ses études; il acheta ensuite une charge de conseiller-clerc au parlement de Paris. L'abbé Terray n'était pas prêtre, mais seulement promu aux ordres mineurs, ce qui le rendait apte à posséder des bénéfices. Une brillante carrière s'ouvrit bientôt devant lui : héritier des biens considérables de son oncle, il avait, en outre, les talents requis pour un homme d'Etat. Il devint successivement chef du conseil de Condé, contrôleur général des finances en 1769, ministre d'Etat, secrétaire-commandeur des ordres du Roi, en 1770, et trois ans après, directeur général des bâtiments.

Ceux qui ont cru que la fortune considérable de l'abbé Terray venait des postes élevés qu'il avait occupés, se sont trompés, puisque nous voyons qu'avant 1750, il possédait le château et la seigneurie de La Motte-Tilly et autres lieux, plus de vingt ans avant d'être arrivé aux hautes fonctions dont nous venons de parler.

L'ancien château de La Motte-Tilly, situé au bord de la Seine, était sans doute un château comme il y en

avait beaucoup au moyen-âge (les documents man-
quent). La forme de l'emplacement qui existe encore,
et les fossés qui étaient remplis par les eaux de la Seine,
font voir que c'était un château-fort à cette époque. En
1566, le seigneur Mons d'Esternay, protestant zélé, y
reçut le prince de Condé et sa troupe. Ce château fut
plusieurs fois assiégé par les troupes du roi Charles IX.

En 1750, l'abbé Terray fit démolir l'ancien château,
et le fit reconstruire sur le haut de la colline, d'où il
domine la belle vallée de la Seine et la forêt de Sour-
dun; quoique plusieurs constructions adjacentes aient
été détruites, ce château est encore un des plus beaux
et des plus considérables de la province de Champagne. Dans le partage qui fut fait de la terre de La
Motte-Tilly, entre les quatre enfants des deux nobles
victimes de la Révolution, le château échut à M.
Claude-Hippolyte Terray, père de M. Charles-Louis
Terray, vicomte de Morel-Vindé.

En face du château de La Motte-Tilly, dans la vallée, à quatre kilomètres (nord-d'ouest), sur la rive
droite de la Seine, on voit le château de Melz, propriété de M. le comte Bernard d'Harcourt. Ce château
et les fermes qui en dépendent devinrent, dans le partage, la propriété de Mme la duchesse d'Harcourt, née
Terray.

Les deux autres quarts de la seigneurie de La Motte-
Tilly, situés à Soligny-les-Etangs et autres lieux, échu-
rent : l'un à Mme Bignon, d'une famille célèbre de ju-
risconsultes; l'autre à Mme la marquise Le Pelletier
des Forts. Ces trois dames étaient sœurs de Claude-
Hippolyte Terray.

L'abbé Terray, mort en 1778, a été inhumé dans l'église de La Motte-Tilly ; on y voit encore son tombeau exécuté en marbre blanc, par F. Lecomte, en 1780.

On y lit cette épitaphe :

ICI REPOSE
JOSEPH-MARIE TERRAY, MINISTRE D'ÉTAT,
ABBÉ COMMANDATAIRE DES ABBAYES DE TROARN
ET DE MOLESME,
COMMANDEUR-SECRÉTAIRE DES ORDRES DU ROI,
CONTRÔLEUR GÉNÉRAL DES FINANCES,
DIRECTEUR-ORDONNATEUR GÉNÉRAL DES BATIMENTS DU ROI,
SEIGNEUR DE LA MOTTE-TILLY
ET AUTRES LIEUX,
DÉCÉDÉ LE 22 FÉVRIER 1778.

NOGENT-SUR-SEINE. — IMP. FAVEROT.

www.ingramcontent.com/pod-product-compliance
Lightning Source LLC
Chambersburg PA
CBHW061823060726
47597CB00008B/3330